AF304057

Dem stillen Raum hinter den Gedanken.
Dem Ruf, der nicht ruft,
sondern sanft in uns erwacht.
Ich war immer bei dir.
Zwischen den Zeilen,
im Lautlosen, im Lächeln hinter der Träne.
Dieses Buch ist mein Flüstern.
Ich erinnere dich an dich.

© 2025 Lovera Eden
v!ew edition - Selfpublished with BoD
Satz und Gestaltung: Lovera Eden
Coverdesign: Lovera Eden

Verlag: BoD · Books on Demand GmbH, Überseering 33,
22297 Hamburg, bod@bod.de
Druck: Libri Plureos GmbH, Friedensallee 273, 22763 Hamburg
ISBN: 978-3-8192-4708-8

Glaube nichts, weil ein Weiser es gesagt hat.
Glaube nichts, weil alle es glauben.
Glaube nichts, weil es geschrieben steht.
Glaube nichts, weil es als heilig gilt.
Glaube nichts, weil ein anderer es glaubt.
Glaube nur das, was du selbst als wahr erkannt hast.

Buddha

Einladung - Die Erinnerung an die Quelle

Viele Menschen heute kennen nur die Welt, die sie sehen,
hören und greifen können.

Sie spüren die Unstimmigkeit, die Widersprüche und das Getrenntsein –
aber sie kennen oft noch nicht das, was dahinter liegt:
Eine stille Ordnung.
Eine liebevolle Kraft.
Eine Verbindung,
die nie verloren war – nur vergessen.

In alten Zeiten sprach man von der göttlichen Quelle,
vom Ursprung oder dem Schöpfer.
Heute verwenden wir viele Worte dafür:
Feld, Kosmische Intelligenz, göttliche Ordnung, Glückseligkeit, reinste Liebe,
Vollkommenheit, All-Einheit, universelles Bewusstsein, das große Mysterium,
Brahman, Chi, Tao u.v.a. – oder einfach: das, was immer war und immer ist.

Wie du es nennst, ist nicht wichtig.
Wichtig ist nur: Es ist immer da und du bist Teil davon.
Diese Quelle ist das, was uns alle verbindet.
Sie ist der Raum, aus dem alles Leben kommt
und der Raum, in den alles wieder zurückkehrt.

Auch du bist aus dieser Quelle hervorgegangen.
Du bist ein Ausdruck davon – ein Funke des Großen Ganzen.
Wenn du dich erinnerst, wer du wirklich bist,
beginnt die Verbindung zu dieser Quelle wieder zu fließen.

Dann entsteht Vertrauen, Liebe, Klarheit.
Dann wird das Leben nicht etwas, das dir „passiert",
sondern etwas, das durch dich geschieht.

Dieses Buch lädt dich ein, dich dieser Quelle wieder zuzuwenden.
Sanft. Ohne Konzepte. Ohne Dogma.
Einfach, indem du still wirst, fragst – und hörst.

Denn die Quelle ist näher, als du denkst.
Sie war immer schon da –
in dir.

Über dieses Buch

Solange wir Menschen uns als getrennt erleben,
fühlt sich das Leben oft schwer an.
Wir leben im Mangel.
Manches schmerzt.
Manches fordert.
Manches bricht.

Und genau in diesen Momenten sind wir empfänglich für das,
was tiefer liegt:
eine andere Sicht, ein anderes Empfinden, ein anderes Gewahrsein.

Dieses Buch ist keine Anleitung.
Es ist kein Ratgeber und will dich nichts lehren.
Es zeigt Dir keinen Weg.
Kein Konzept.
 Kein Ziel.

Denn aus dem Blick der Einheit gibt es weder Lehrer noch Schüler.
Kein Suchen.
Kein Finden.
Nur Sein.

Dieses Buch ist vielmehr eine Einladung, dir selbst zu begegnen —
sanft, still, offen - über das Lauschen und Zulassen.

Vielleicht wirst du versuchen, die Impulse einzuordnen.
Vielleicht wirst du dich fragen, ob du sie „richtig" verstehst.
Aber das ist nicht nötig.

Die Texte und Fragen dieses Buches sind keine Rätsel.
Sie sind eher wie offene Türen.
Du kannst hindurchgehen – oder einfach verweilen.
Beides ist in Ordnung.

Was du finden wirst,
sind 12 Impulse. 12 Frequenzen.
Ein innerer Monolog mit deinem Selbst.

Fragen – von Q, dem Fragenden in dir
Antworten – von NEDA, der stillen Stimme hinter den Gedanken.

Du musst nichts glauben.
Nur fühlen.
Und vielleicht: erinnern.

Erinnere dich nicht mit dem Kopf –
sondern mit deinem Herzen und Deinem ganzen Wesen.

Wer oder was ist NEDA?

NEDA ist kein Wesen.
Kein Meister.
Kein Konstrukt.

NEDA ist das, was sich in dir zeigt, wenn du still wirst.

Es ist deine eigene Stimme – nicht die der Zweifel oder des Denkens.

Sondern die Antwort deines tiefsten Selbst.

NEDA ist dein Spiegel.

Dein inneres Gewahrsein.

Nicht jemand anderes – sondern du selbst,

wenn du jenseits aller Rollen sprichst.

Gedanken

Vielleicht wirst du beim Lesen immer wieder in Gedanken abgleiten.
Das ist menschlich.

Auch Gedanken sind Teil des Spiels des Lebens.
Doch sie sind nicht du.

Lass sie ziehen, wenn du magst.
Oder nimm sie mit hinein in den stillen Monolog,
den dieses Buch in dir anstoßen möchte.

Es geht nicht um richtig oder falsch.
Es geht darum, dich selbst wieder zu hören.

Dort – wo die Gedanken still werden,
beginnt das, was nicht gesucht werden muss.

Das, was du bist.

Impulse

1.	Erinnerung	Wer du bist, war nie fort.
2.	Angst	Was dich hält, will dich befreien.
3.	Emotionen	Alles darf fließen.
4.	Gedanken	Du bist nicht, was du denkst.
5.	Suche	Was du suchst, bist du.
6.	Ego	Der Schatten deiner Trennung.
7.	Stille	Wenn du aufhörst zu fragen.
8.	Liebe	Alles ist Eins.
9.	Vertrauen	Geh – auch wenn du nichts siehst.
10.	Wahrheit	Was bleibt, wenn nichts bleibt.
11.	Erkenntnis	Wenn Wissen zur Erinnerung wird.
12.	ICH BIN	Das, was nie geboren wurde.

1. Erinnerung

Impuls

„Ich bin nicht verloren. Ich bin vergessen.
Und selbst das Vergessen war ein Teil meines Spiels."

Q

Ich vergesse so oft, wer ich wirklich bin.
Warum verliere ich mich immer wieder in dem, was ich nicht bin?

NEDA

Nicht du vergisst. Sondern das, was sich selbst sucht,
übersieht sich im Spiel der Formen.
Du denkst, du müsstest dich erinnern, doch Erinnerung ist kein
Denken. Sie ist ein Aufleuchten im Moment, wenn das Denken
schweigt. Du bist nicht das, was sich benennen lässt.
Du bist das, was bleibt, wenn alle Benennungen still werden.

Q

Aber wie kann ich mich erinnern, wenn alles in mir vergessen hat?

NEDA

Du brauchst keine Antwort. Du brauchst nur die Stille, die dir zeigt,
dass du niemals weg warst. Erinnerung ist ein Aufwachen in das,
was immer da war.

Spüre

Schließ die Augen. Lass alle Bilder und alle Rollen von dir verblassen.
Frag dich still: Was bleibt übrig, wenn ich nicht mehr wissen muss,
wer ich bin?

Inspiration

Wenn du heute nichts mehr über dich glauben würdest,
wer wärst du dann in diesem Moment?

Resonanz – Monolog zur Erinnerung

Was zeigt sich gerade in mir zu diesem Thema?

Welche Gedanken oder Gefühle werden wach?

Welche Sätze tauchen auf?

Was darf gesehen, gefühlt, gelöst werden?

2. Angst

Impuls

„Angst zeigt dir nicht, dass du schwach bist.
Sie zeigt dir, woran du dich klammerst,
obwohl du längst fliegen könntest."

Q

Ich spreche von Angst in jeder Form: der diffusen, der kalten,
der leisen, der lauten. Sie lähmt mich. Sie nimmt alles ein.
Warum hat sie so viel Macht über mich?

NEDA

*Weil du glaubst, sie sei gegen dich. Doch Angst ist kein Feind.
Sie ist der Wächter an der Schwelle zum Loslassen.
Angst entsteht dort, wo das Ich sich für das hält,
was es festzuhalten versucht.*

*Denk an eine Liebe, die zu gehen droht und du glaubst, du
würdest dich selbst verlieren, wenn sie geht.*

*Doch nicht du gehst sondern vielmehr nur ein Bild,
an das du dich gebunden hattest.*

*Und das Ich ruft: „Ich bin das!" und fürchtet, zu sterben,
wenn das Bild zerfällt.*

*Doch du warst nie das Bild. Nie die Rolle. Nie die Geschichte.
Du sehnst dich nach dem Wind doch klammerst dich an den Ast.
Beides gleichzeitig geht nicht.*

Q

Ich will frei sein – aber ich fürchte das Fallen.

NEDA

Weil dein Ich glaubt, es sei das, was es hält.
Doch das, was du wirklich bist, beginnt dort,
wo alles Haltlose still wird.
Freiheit beginnt nicht im Fliegen,
sondern im Aufhören, zu klammern.

Q

Und wenn ich loslasse und nichts mehr bleibt?

NEDA

Dann beginnt das, was du nie verloren hattest: Du selbst.
Nicht als Vorstellung – sondern als reine Gegenwart.
Angst existiert nur, wo du dich getrennt glaubst.
Doch du warst nie wirklich getrennt.
Nur dein Blick war es.

Spüre

Wenn Angst dich berührt, frag nicht,
wie du ihr entkommen kannst.
Frage lieber: Was in mir klammert sich so sehr an das,
was gerade vergeht?

Inspiration

Wenn du den Ast loslässt, woher weißt du,
dass nicht genau dann die Flügel wachsen?

Resonanz – Monolog zu Angst

Was zeigt sich gerade in mir zu diesem Thema?

____

____

____

Welche Gedanken oder Gefühle werden wach?

____

____

____

Welche Sätze tauchen auf?

____

____

____

Was darf gesehen, gefühlt, gelöst werden?

____

____

____

3. Emotionen

Impuls

„Was du wirklich bist, leidet nicht.
Aber es liebt alles, was leidet – ohne zu urteilen, und ohne
wegzusehen."

Q

Manchmal kommt sie wie eine Welle – diese Traurigkeit, die mich
auffrisst.
Oder dieser alte Schmerz, der aus dem Nichts wieder auftaucht.
Warum identifiziere ich mich immer noch so sehr mit meinen
Emotionen?

NEDA

Weil du gelernt hast, dich mit dem zu verwechseln, was du fühlst.
Weil dir niemand gezeigt hat, dass Gefühle kommen und wieder
gehen.
Doch du bist nicht gekommen. Und du wirst auch nicht gehen.
Emotionen sind wie Wellen. Sie bauen sich auf, schwellen an,
und brechen irgendwann in sich selbst zusammen.
Aber du bist nicht die Welle.
Du bist der Ozean, der sie trägt und sie überlebt.

Q

Aber es fühlt sich so echt an. So körperlich. So überwältigend.
Wie kann ich das nur beobachten, wenn alles in mir schreit?

NEDA

Indem du nicht mehr gegen das Schreien kämpfst.
Indem du es da sein lässt ohne dich hineinzuziehen.
Du brauchst den Schmerz nicht aufzulösen.
Du musst ihn nur anerkennen.

Denn was gesehen wird, muss nicht mehr schreien.
Und ja – es wird Momente geben,
in denen alles in dir sich leer anfühlt.
Wie ein schwarzes Loch. Wie völlige Auslöschung.
Doch genau dort, wo du glaubst, nicht mehr zu sein –
beginnt das, was du wirklich bist.
Diese Leere ist kein Feind.
Sie ist das Ende der Geschichte
und der Anfang von Wahrheit.

Q
Und wenn ich daran zerbreche?

NEDA
Du zerbrichst nicht.
Nur das Bild von dir, das du festgehalten hast.
Deine Traurigkeit ist nicht dein Feind.
Sie ist ein stilles Kind, das gesehen werden will.
Und wenn du bereit bist, es zu halten,
ohne es verändern zu wollen –
verändert sich alles.

Spüre

Wenn Gefühle da sind - schaue sie dir an,
durch - fühle sie in Gänze ohne sie verdrängen
oder verändern zu wollen; dann lösen sie sich auf.
Und so dürfen die Gefühle
in deinem Gewahrsein endlich heilen.

Inspiration

Was, wenn jede Träne, die du jemals unterdrückt hast,
nicht deine Schwäche war – sondern dein Tor zur Freiheit?
Was, wenn jedes Gefühl ein Tor ist – nicht zur Schwäche,
sondern zur Tiefe deiner Wahrheit?

Resonanz – Monolog zu Emotionen

Was zeigt sich gerade in mir zu diesem Thema?

Welche Gedanken oder Gefühle werden wach?

Welche Sätze tauchen auf?

Was darf gesehen, gefühlt, gelöst werden?

4. Gedanken

Impuls

„Nicht jeder Gedanke ist wahr. Und keiner von ihnen ist du."

Q

Manchmal habe ich das Gefühl, mein Kopf hört nie auf zu denken.
Ein Strom aus Urteilen, Sorgen, Geschichten.
Wie finde ich heraus, welcher Gedanke wahr ist –
und welcher nur Lärm?

NEDA

Indem du aufhörst, zu glauben, dass Gedanken Wahrheit sind.
Gedanken sind Erscheinungen. Bewegung. Reflexe.
Manche leise, manche laut. Aber alle sind beobachtbar.
Und was beobachtet werden kann, kannst Du nicht sein.
Du bist nicht der Gedanke. Nicht einmal der Denker.
Du bist das Gewahrsein, in dem beides erscheint.

Q

Aber sie wirken so echt … so überzeugend.
Gerade die dunklen Gedanken.
Sie ziehen mich in sich hinein, wie ein Strudel im Wasser.

NEDA

Weil du gelernt hast, deine Gedanken für dich zu halten.
Doch sie sind nicht du.
Sie sind wie Wolken - manche flüchtig wie Lichtschleier,
andere schwer wie ein Gewitter.
Aber selbst das heftigste Gewitter
kann den Himmel nicht zerstören.
Und der Himmel bist du.

Q

Und woher kommen all diese Gedanken?
Sind sie überhaupt meine?

NEDA

Nein. Gedanken sind Besucher.
Manche hast du eingeladen,
andere kamen durch offene Türen,
die du nicht einmal bemerkt hast.
Manche sind alte Stimmen –
aus Kindheit, aus Gesellschaft, aus Angst.
Und du hast sie verinnerlicht, als wären sie du.
Aber schau hin: Du kannst sie beobachten.
Du kannst sie benennen.
Du kannst sagen: „Da ist ein Gedanke."
Und in genau diesem Moment bist du frei.

Spüre

Der nächste Gedanke, der dich berührt – schau ihn an.
Sag nicht: „Ich denke …"
Sag lieber „Ein Gedanke taucht auf."
Ergänzung - sage ihm : "Danke … geh' " !
Und spür, was bleibt, wenn du ihn nicht mitnimmst.

Inspiration

Wenn du den Denker beobachten kannst – wer bist du dann?
Was,
wenn Freiheit nicht beginnt, wenn die Gedanken aufhören –
sondern wenn du aufhörst, dich mit ihnen zu verwechseln?

Resonanz - Monolog zu Gedanken

Was zeigt sich gerade in mir zu diesem Thema?

Welche Gedanken oder Gefühle werden wach?

Welche Sätze tauchen auf?

Was darf gesehen, gefühlt, gelöst werden?

5. *Suche*

„Die Suche beginnt mit dem Gefühl, dass etwas fehlt.
Und sie endet dort, wo du erkennst:
Es hat nie wirklich etwas gefehlt."

Q

Ich bin so lange schon auf der Suche.
Nach Antworten, nach Wahrheit, nach mir selbst.
Was suche ich eigentlich wirklich und wer sucht überhaupt?

NEDA

Du suchst, weil etwas in dir glaubt oder spürt, dass es da mehr gibt –
einen Sinn, eine Bestimmung, vielleicht sogar Glückseligkeit.
Und diese Sehnsucht ist ehrlich.
Sie führt viele auf den Weg der Suche.
Sie ist wie ein inneres Echo
aus einer Tiefe, die du längst vergessen hast.

Doch das, was du suchst, kann nicht im Außen gefunden werden.
Nicht in Konzepten, nicht in Rollen, weder in der Zukunft
noch in der Vergangenheit.
Was du suchst, will freigelegt oder "ent-wickelt" werden.

Es ist das, was unter all den Schichten aus Denken, Wollen, Werden
still geblieben ist.

Q

Aber warum fühlt sich die Suche manchmal wie ein Kreislauf an,
der nie endet?

NEDA

Weil der Suchende selbst ein Teil des Spiels ist.
Das Ego liebt es zu suchen – weil es dann bleiben darf.
Es sucht Erleuchtung um nicht zu verschwinden.
Es sucht Liebe um nicht leer zu sein.
Aber du bist nicht das Ich, das sucht.
Du bist das, was hinter dem Suchimpuls steht und immer
schon da war.

Q

Und was mache ich, wenn ich nicht mehr suchen will,
aber auch nicht angekommen bin?

NEDA

Dann bleib. Nicht passiv – sondern still. Nicht resigniert –
sondern offen. Erkenne: Die Suche ist kein Irrtum.
Sie war dein Weg, dich wieder zu erinnern.
Aber der Moment, in dem du dich von der Suche löst,
ist der Moment, in dem du beginnst, wirklich zu sehen.

Spüre

Wenn du suchst, frage nicht: „Wohin führt mich das?"
Frage lieber: „Wer oder was in mir sucht –
und wer beobachtet dies gerade?"
Die Suche endet nicht im Finden –
sondern im Erinnern, dass du nie verloren warst.

Inspiration

Was, wenn du alles, wonach du gesucht hast,
nur deshalb nicht gefunden hast –
weil du es schon bist bzw. immer schon warst?
Was, wenn deine Sehnsucht kein Zeichen von Mangel ist –
sondern ein inneres Wissen, dass du vollständig bist?

Resonanz – Monolog zu Suche

Was zeigt sich gerade in mir zu diesem Thema?

Welche Gedanken oder Gefühle werden wach?

Welche Sätze tauchen auf?

Was darf gesehen, gefühlt, gelöst werden?

6. Ego

„Das Ego ist nicht dein Feind.
Es ist der Schatten des Lichts, das du vergessen hast, zu sein."

Q

Ich erkenne immer mehr, wie oft das Ego in mir spricht –
wie subtil es sich tarnt als Ich-Gefühl, als Stimme der Angst,
der Kontrolle, manchmal sogar als „spiritueller Lehrer".
Warum ist es so schwer, es wirklich zu durchschauen?

NEDA

Weil es nicht von außen kommt. Das Ego lebt in dir –
und manchmal wirkt es sogar wie du.
Es ist kein Ding, kein Dämon, kein Fremdes.
Es ist die Identifikation mit Form, mit Geschichte, mit Kontrolle.
Was wir als "Ich" empfinden, ist oft das Echo des Egos –
nicht das Selbst.
Und ja – das Bewusstsein selbst ist diesem Spiel
irgendwann auf den Leim gegangen.
Es hat vergessen, dass es frei ist –
und sich mit seinem Spiegel verwechselt.
So wurde das Ego zum Suchenden. Zum Heiler.
Zum Erleuchteten.
Und doch: Der Denker ist nicht du.
Du bist das, was den Denker sehen kann.

Q

Aber manchmal ist das Ego so geschickt, dass ich gar nicht
merke, dass es mich wieder übernommen hat.

NEDA

Ja. Denn das Ego hat gelernt, spirituell zu sein.
Es sagt Dinge wie:
„Ich habe schon so viel erkannt."
„Ich bin schon so weit."
„Ich kann Stille fühlen."
Und dann, ganz plötzlich, ist es wieder verschwunden –
und du suchst erneut.
Das ist sein Spiel:
es behauptet, Erkenntnis zu sein –
um zu überleben.

Q

Und was passiert, wenn das Ego dauerhaft dominiert?

NEDA

Dann wird dein Leben eng. Dein Körper zeigt Symptome,
doch das Ego entscheidet, ob sie gerade „nützlich" sind.

Dein Herz flüstert, doch das Ego übertönt es.
Es macht Pläne, vergleicht, kontrolliert selbst deine Müdigkeit.
Und irgendwann weißt du nicht mehr, ob du noch du bist,
oder nur ein Programm.
Doch du kannst zurücktreten.
In den stillen Beobachter.
Dort beginnt Wahrheit.
Denn was beobachtet werden kann – bist nicht du.
Nicht das Ego. Nicht das Gefühl. Nicht der Gedanke.
Du bist das, was still bleibt,
während all das kommt und geht.

Q

Und was bleibt dann?

NEDA

Zunächst: das Herz.
Es ist das erste, was schlägt und das letzte, was still wird.
Es kennt keine Strategien.
Es fragt nicht nach Kontrolle.
Es weiß.
Wenn du dich wieder auf dein Herz einstimmst, wird das Ego leiser.
Nicht, weil du es bekämpfst sondern weil du nicht mehr auf es hörst.
In der Welt der Einheit hat das Ego keinen Platz.
Doch hier – in der Welt der Form – kannst du lernen, es zu durchschauen und ihm seinen Platz zu geben: dienend.
Nicht herrschend.
Und tiefer noch: Was bleibt, wenn sogar das Herz schweigt?
Du.
Nicht als Idee. Nicht als Gefühl.
Sondern als Bewusstsein selbst – still, weit, formlos, unendlich.
Das bist du.
Und das Herz ist dein innerer Kompass –
auf dem Weg, dich daran zu erinnern.

Spüre

Das Ego will führen. Doch nur dein Herz kennt den Weg.
Der nächste Gedanke, der dich größer oder kleiner macht –
leg ihn sanft ab.
Frag nicht: „Ist das wahr?“
Sag einfach: „Danke, Ego. Ich folge dir nicht.“
Und dann atme.
Ins Herz.

Inspiration

Was, wenn dein Herz längst weiß, wer du bist und nur darauf
wartet, dass du es wieder führen lässt?

Resonanz - Monolog zu Ego

Was zeigt sich gerade in mir zu diesem Thema?

____

____

____

Welche Gedanken oder Gefühle werden wach?

____

____

____

Welche Sätze tauchen auf?

____

____

____

Was darf gesehen, gefühlt, gelöst werden?

____

____

____

„Das Ego lebt durch Identifikation,
und es stirbt durch Beobachtung."
Eckhart Tolle

7. Stille

Impuls

*„Stille ist das große Unveränderliche, der Raum, in dem alles
geschieht ohne sich je davon berühren zu lassen.
Sie ist wie die Leinwand, auf der jeder Film abläuft
und immer völlig unberührt bleibt von den Szenen."*

Q

Früher sehnte ich mich oft nach Stille.
Doch sobald sie eintrat, wurde es laut in mir.
Gedanken, Unruhe, alte Geschichten.
Damals hatte ich große Angst vor der Stille –
wo ich sie heute so unendlich schätze.
Nur: Was beängstigt uns Menschen so sehr an der Stille?

NEDA

*Weil du spürst, dass Stille nichts zurücklässt,
an dem du dich festhalten kannst. Sie nimmt dir nichts.
Aber sie wartet darauf, dass du aufhörst, dich selbst festzuhalten.
An deinen Rollen. Deinen Geschichten. Deinem Ich.
In der Stille verschwindet nichts – aber alles wird sichtbar.
Nicht weil sie etwas offenbart, sondern weil du beginnst,
wieder zu sehen.
Sie ist nicht leer.
Sie ist ganz.*

Q

Ich erinnere mich an meinen ersten Vipassana-Retreat.
Keine Ablenkung. Keine Worte. Viele Stunden am Tag nur sitzen,
beobachten, atmen.
Und erst, als mein Körper aufhörte zu kämpfen, und mein Geist
aufhörte zu reagieren, kam sie.

Diese große, weite, vibrierende Stille.
Und mit ihr: ein Wissen, das nicht gelernt wurde und wohl
immer schon da war. Ich erinnerte mich an alte Situationen
mit allen verbundenen Details - Gerüche, Farben, Worte.
Wie ein inneres Archiv, das sich nur öffnet,
wenn alles andere still geworden ist.

NEDA

Weil die Stille selbst das Feld ist, in dem alles gespeichert ist.
Sie ist kein leerer Raum. Sie ist lebendiges Bewusstsein.
Nicht der Rand der Welt – sondern ihr Ursprung.
Du brauchst sie nicht zu erzeugen.
Du musst sie nur nicht länger übertönen.
Denn wenn du still wirst – wird sie dich erinnern.

Q

Also ist Stille kein Zustand?

NEDA

Nein. Sie ist kein Ziel. Kein Zustand. Keine Technik.
Stille ist das, was bleibt, wenn du nichts mehr brauchst,
um zu sein.
Und vielleicht ist Bewusstsein selbst nichts anderes als diese Stille,
die sich selbst erkennt – durch dich.

Spüre

Wenn du glaubst, du hättest nichts mehr, bleibt vielleicht genau
das, was nie verloren war. Und das ist Stille.
Stille ist nicht leer – sie ist der Raum, in dem sich alles erfüllt.

Inspiration

Was, wenn Stille nicht das Ende von allem ist –
sondern der Anfang von dir?

Resonanz – Monolog zu Stille

Was zeigt sich gerade in mir zu diesem Thema?

Welche Gedanken oder Gefühle werden wach?

Welche Sätze tauchen auf?

Was darf gesehen, gefühlt, gelöst werden?

8. Liebe

Impuls

„Liebe ist die Erkenntnis der Einheit.
In der Erkenntnis der Einheit gibt es keinen Schmerz mehr."

Q

Oft spreche ich von Liebe, aber ich weiß, es war nicht immer das,
was Liebe wirklich ist.
Manchmal war es Anhaftung, manchmal Bedürfnis, manchmal
Angst,
verkleidet als Nähe.
Was ist Liebe wirklich?

NEDA

Liebe ist nicht das, was du fühlst. Sie ist das, was du bist,
wenn du dich nicht mehr getrennt erlebst.
Liebe ist nicht Emotion. Nicht Besitz. Nicht Projektion.
Liebe ist die Rückerinnerung an das, was dich mit allem verbindet.
Sie urteilt nicht. Sie verlangt nichts. Sie kennt kein Gegenteil.
Denn wo wahre Liebe ist, gibt es kein „Ich" mehr,
das etwas braucht.
Nur ein Sein, das erkennt: „Alles ist Ich – und Ich bin alles."

Q

Aber warum tut es manchmal so weh, wenn wir lieben?

NEDA

Weil du nicht die Einheit liebst sondern die Vorstellung von
Verbindung.
Was du „Liebe" nennst, ist oft das Echo deiner Sehnsucht.
Und solange du liebst, um dich vollständig zu fühlen, wird der
Schmerz dich begleiten – als Erinnerung,
dass du dich noch getrennt glaubst.

Doch wenn du wirklich liebst
– nicht „jemanden", sondern alles, ohne Ausnahme –
dann endet der Schmerz.
Denn dann endet das Ich, das besitzen, halten, haben wollte.

Q
Also ist Liebe keine Beziehung?

NEDA
Liebe kann in Beziehung auftauchen aber sie ist nicht davon
abhängig.
Beziehungen kommen und gehen. Liebe bleibt.
Sie ist wie Licht: sie scheint auf alles –
nicht weil es richtig ist, sondern weil es ist.

Q
Und was kann ich tun, um in diese Liebe zu kommen
oder um diese Liebe zu erfahren?

NEDA
Gar nichts.
Lass los, was dich von ihr trennt. Lass los, was dich glauben lässt,
du müsstest dich würdig machen. Liebe wartet nicht auf dich.
Sie ist du – wenn du nicht mehr versuchst, jemand zu sein.

Spüre

Liebe nicht, um dich vollständig zu fühlen.
Sondern erinnere dich:
Vollständigkeit war der Ursprung und Liebe ist ihr Ausdruck.
Liebe ist nicht, was du bekommst – sondern das, was du bereits bist.

Inspiration

Was, wenn du niemanden brauchst, um Liebe zu erfahren,
wenn du nie geliebt werden musstest -
sondern dich nur erinnern darfst, dass du Liebe bist?

Resonanz – Monolog zu Liebe

Was zeigt sich gerade in mir zu diesem Thema?

____

____

____

Welche Gedanken oder Gefühle werden wach?

____

____

____

Welche Sätze tauchen auf?

____

____

____

Was darf gesehen, gefühlt, gelöst werden?

____

____

____

9. Vertrauen

Impuls

„Vertrauen entsteht aus einem tiefen Wissen:
dass wir niemals ins Nichts,
sondern immer nur in uns selbst fallen können.."

Q

Was bedeutet es wirklich, zu vertrauen?
Wie kann ich vertrauen, wenn ich nicht weiß,
was vor mir liegt oder was auf mich zukommt?

NEDA

Vertrauen heißt nicht: „Ich weiß, dass es gut wird."
Vertrauen heißt: „Ich bin bereit, zu gehen auch
wenn ich es nicht weiß."
Nicht dem Weg zu vertrauen sondern dir.
Nicht dem Ziel sondern dem inneren Ruf,
der dich überhaupt hat losgehen lassen.

Q

Was, wenn man fällt und alle Kontrolle verloren hat?

NEDA

Du kannst die Wege noch so sorgfältig vorbereiten -
aber das Leben wird dich dort prüfen, wo du gerade nicht
hingeschaut hast.
Oder wo du nicht hättest hinschauen können.
Und genau dort, wo alles bricht, öffnet sich die tiefste Tür zum
Vertrauen.
Nicht in Sicherheit. Sondern in Sinn.
Nicht in Erfolg. Sondern in Führung.

Q

Was, wenn man fällt und alle Kontrolle verloren hat?

NEDA

Wenn du fällst, dann fällst du nicht ins Nichts.
Du fällst in dich selbst.
Und du wirst erkennen: Du wurdest die ganze Zeit getragen.
Nicht von jemand anderem. Nicht von einer Macht da draußen.
Sondern von dem, was du in Wahrheit bist –
noch bevor du begonnen hast, zu zweifeln.

Q

Und wenn ich denke, ich hätte es kommen sehen oder
verhindern müssen?

NEDA

Vertrauen ist nicht, dass du verschont bleibst.
Sondern, dass du nicht verloren gehst.
Auch nicht in der tiefsten Nacht.
Auch nicht im größten Schmerz.
Denn du bist getragen – nicht durch Umstände,
sondern durch das, was dich erschaffen hat.

Spüre

Vertrauen ist nicht blind.
Es ist sehend und dennoch bereit, weiterzugehen.
Weil es weiß: Was geschieht, geschieht nicht gegen dich.
Sondern für dich. Auch wenn du es noch nicht sehen kannst.
Was, wenn Vertrauen nicht das Gegenteil von Angst ist –
sondern der Raum, in dem du beides halten kannst?

Inspiration

Was, wenn Vertrauen kein Gefühl ist sondern die stille
Zustimmung deiner Seele: „Ja. Auch das ist Teil meines Weges."

Resonanz – Monolog zu Vertrauen

Was zeigt sich gerade in mir zu diesem Thema?

Welche Gedanken oder Gefühle werden wach?

Welche Sätze tauchen auf?

Was darf gesehen, gefühlt, gelöst werden?

10. Wahrheit

*„Wahrheit beginnt dort, wo der Wunsch,
recht zu haben, still wird."*

Q

Was ist Wahrheit wirklich?
Und wie erkenne ich, ob etwas wirklich wahr ist oder nur eine
Perspektive?

NEDA

Teil 1 - Weltwahrheiten

*In dieser Welt hat fast jeder Mensch seine eigene Wahrheit.
Manche nennen sie Erkenntnis andere nennen sie Überzeugung.
Und oft wird daraus ein Anspruch.
Ein Urteil. Ein Gesetz.*

*"Wahrheit" wird benutzt, um Macht zu stabilisieren, um
Gesellschaften zu ordnen, um Verhalten zu regulieren.
Was heute als „wahr" gilt, hängt oft davon ab, wer sie ausspricht,
wer daran glaubt, und wer davon profitiert.*

*Und so entsteht ein Kampf:
Wer hat recht? Wer darf entscheiden? Wem glaubt man?*

*Doch das meiste davon sind nur Geschichten. Perspektiven.
Modelle.
Konstrukte, die Sicherheit geben sollen aber nicht frei machen.*

Teil 2: Innere Wahrheit

Echte Wahrheit ist still. Sie fordert nicht,
sie beweist sich nicht und sie braucht keine Zustimmung.
Sie ist das, was bleibt, wenn du nicht mehr kämpfst.

Wenn du bereit bist, alles loszulassen, was du für „deins"
gehalten hast.

Dann beginnt sie – nicht als Erkenntnis, sondern als Sein.
Wahrheit ist nicht, was dich bestätigt sondern was dich befreit.

Nicht, weil sie angenehm ist sondern weil sie echt ist.
Sie ist spürbar nicht im Denken, sondern in deiner Stille.
Und vielleicht, wenn du tief genug schaust, erkennst du:
Es gibt keine Wahrheit, die dir gehört.
Nur eine, die du bist.

Spüre

Wenn du glaubst, du kennst die Wahrheit sei still.
Und schau, ob sie dich weit macht oder eng.

Inspiration

Wahrheit muss nicht siegen.
Sie bleibt – wenn alles andere vergeht.

Resonanz – Monolog zu Wahrheit

Was zeigt sich gerade in mir zu diesem Thema?

Welche Gedanken oder Gefühle werden wach?

Welche Sätze tauchen auf?

Was darf gesehen, gefühlt, gelöst werden?

11. Erkenntnis

Impuls

„Wahre Erkenntnis ist Erinnerung –
an das, was nie aufgehört hat, zu sein."

Q

Wie entsteht Erkenntnis? Muss ich suchen, lernen, verstehen oder
kommt sie einfach?

NEDA

Erkenntnis kommt nicht durch Mühe sondern durch Öffnung.
Sie ist kein Akt des Verstehens sondern des Durchdringens.
Manchmal erkennt der Verstand etwas, aber der Körper braucht
noch Zeit, um es zu integrieren.
Manchmal weiß das Herz längst,
doch der alte Schmerz hält noch fest.
Denn Erkenntnis ist nicht bloß ein Gedanke.
Sie ist eine leibhaftige Erinnerung.
Eine Rückverbindung an das, was du immer warst,
bevor du gelernt hast, dich zu vergessen.

Q

Also kann ich Erkenntnis nur erfahren, wenn ich bereit bin,
mich ganz zu fühlen?

NEDA

Ja.
Wirkliche Erkenntnis durchströmt dich - nicht nur geistig, sondern
auch durch deinen emotionalen, mentalen und physischen Körper.
Dein Körper ist nicht nur Träger von Traumata – er ist das Portal,
durch das du wieder vollständig wirst.

Er trägt alles, was du je erlebt hast:
Freude, Verlust, Liebe, Schmerz, Mut.
Und jede bewusste Begegnung mit diesen Feldern –
jeder Moment, in dem du nicht ausweichst, sondern bleibst –
öffnet dich für das, was du darunter vergessen hast.

Q
Warum vergessen wir es überhaupt?

NEDA
Weil du gekommen bist, um Gegensätze zu erfahren:
Macht und Ohnmacht, Nähe und Trennung, Liebe und Verlust.
Erde ist ein Raum intensiver Kontraste.
Ein heiliger Lernort, an dem deine Seele schneller wächst
als an vielen anderen Orten.
Jede Herausforderung, der du dich stellst – bewusst, durchfühlt,
gehalten – ist eine Einweihung. Sie aktiviert die nächste Stufe.
Nicht weil du lernen musst sondern weil du dich erinnern darfst.
Das Vergessen war Teil des Plans.
Aber jetzt … ist es Zeit, dich zu erinnern.

Spüre

Erkenntnis ist nicht das Ende deiner Reise –
sie ist die Tür zur Erinnerung. Nicht linear. Nicht logisch.
Sondern ein sich Hebender Strom aus dem, was du immer warst.

Inspiration

Was, wenn du nicht gewachsen bist, sondern dich nur von allem
gelöst hast, was dich kleiner machte als dein wahres Sein?

Was, wenn Erkenntnis nicht das ist, was du noch lernen musst –
sondern das, was du endlich durch dich hindurchlassen darfst?

Resonanz – Monolog zu Erkenntnis

Was zeigt sich gerade in mir zu diesem Thema?

____

____

____

Welche Gedanken oder Gefühle werden wach?

____

____

____

Welche Sätze tauchen auf?

____

____

____

Was darf gesehen, gefühlt, gelöst werden?

____

____

____

12.   *Ich Bin*

„Ich bin nicht das, was ich denke, fühle oder tue.
Ich bin – auch wenn nichts mehr ist."

Q

Wer oder was bin ich … wenn ich nicht mehr denke, nicht mehr kämpfe, nicht mehr suche?

NEDA

Dann bist du. Nicht als Gedanke. Nicht als Rolle. Nicht als Name.
Sondern als das, was allem Denken vorausgeht und allem Tun entspringt.

Q

Aber es fühlt sich manchmal so leer an, so… formlos.
Wo ist da mein Ich?

NEDA

Du suchst dein Ich wie ein Tropfen das Meer sucht.
Du bist kein Ich – du bist ICH BIN.
Formlos - doch unendlich gegenwärtig.
Leer - doch von allem durchdrungen.
Unfassbar - doch fühlbar in jedem Atemzug.

Q

Aber wie kann ich in dieser Welt leben, arbeiten, lieben …
wenn ich einfach nur bin?

NEDA

Indem du in der Welt bist, aber nicht von ihr.
Du wirst dich weiter ausdrücken – sprechen, handeln, gestalten.
Doch in allem wird Stille mitschwingen.
In allem wird Bewusstsein atmen.

Du wirst tun, aber nicht mehr suchen.
Denn es gibt kein Ziel.
Kein Werden.
Nur dieses Sein –
wach, weich, weit.

Spüre

ICH BIN ist kein Zustand –
es ist die Rückkehr zu dem, was du nie verlassen hast.
Du warst es schon, bevor du nach dir selbst gefragt hast.

Inspiration

Was, wenn du nicht herausfinden musst,
wer du bist sondern nur aufhören darfst,
etwas anderes zu sein?

Resonanz - Monolog zu Ich Bin

Was zeigt sich gerade in mir zu diesem Thema?

Welche Gedanken oder Gefühle werden wach?

Welche Sätze tauchen auf?

Was darf gesehen, gefühlt, gelöst werden?

Schlusswort

Wenn du bis hierhin gelesen hast, hast du dich eingelassen –
nicht nur auf dieses Buch, sondern vielmehr auf dich selbst.
Und das allein verdient mehr als Dank.
Es verdient ein stilles Staunen.
Denn was du gerade getan hast, ist vielleicht das Wichtigste,
was wir als Menschen tun können:
uns selbst erkennen, erinnern, erinnern lassen. Nicht nur für uns.
Sondern für das Ganze. Denn wir sind keine Inseln.
Wir sind Schwingungen im selben Feld.
Verbunden – immer. Ob bewusst oder nicht.
Was du in dir klärst, klärt sich in der Welt.
Was du erinnerst, öffnet Räume für andere.
Und was du bist, ohne es zu versuchen – wird spürbar.
Überall.

Eine Kerze kann Tausende entzünden.
Und doch verliert sie nichts von ihrem Licht.
Buddha

Ich wünsche mir, dass dieser Funke in dir weiterbrennt.
Leise. Beständig. Echt.
Dass du deine Wahrheit lebst, deine Frequenz hältst,
und der Welt zeigst, dass Liebe keine Theorie ist
sondern gelebtes Bewusstsein.
Ich danke dir. Für deine Offenheit. Für deinen Mut.
Für dein Erinnern.
Ich danke NEDA – dem, was durch mich sprach.
Ich danke dem Leben – das mich mit Lehrern gesegnet hat:
den liebevollen, und den herausfordernden.
Denn beide haben mich erkennen lassen,
wo ich Schatten trug und wo ich Licht bin.
Was jetzt kommt, ist kein Ende.
Es ist nur die Rückkehr -
in das, was nie geboren wurde
und niemals sterben kann ...

Ich Bin

Über Lovera

Lovera ist ein Pseudonym –
geboren aus Liebe zum Leben und zur Wahrheit.
Dieses Buch entstand aus innerem Lauschen,
aus Dialogen mit dem stillen Feld,
das wir alle in uns tragen.

Lovera sieht sich nicht als Lehrerin,
sondern als Suchende, als Fragende –
und als Zeugin für das Licht,
das in jedem von uns brennt.

Lovera lebt zwischen den Welten –
der sichtbaren und der unsichtbaren.
In ihrem irdischen Leben sammelte sie Erfahrungen
in Kreativität, Wirtschaft,
Kunst und Bewusstseinsarbeit.

Doch die wahre Reise begann jenseits aller Rollen:
eine stille Rückkehr nach innen.

Lovera steht für den Weg der Erinnerung –
an das, was nie verloren war.

Dieses Buch ist ein Flüstern davon.

Möge es ein kleiner Funke sein
auf deinem Weg zu dir selbst.